Juegos de Lectura
LECTURA EFICAZ

LECHUZA DETECTIVE 1
EL ORIGEN

Bruño

GRUPO ANAYA

¿A QUÉ JUGAMOS?

2

SALIDA

3

Las reglas del juego

PASO **1** Leed el texto y observad atentamente la cubierta y la contracubierta de vuestro libro *Lechuza detective 1. El origen.*

PASO **2** Leed estas pistas para saber cómo va a mejorar vuestra lectura.

LEO Y COMPRENDO **LEO Y PIENSO**

LEO A MI ALREDEDOR **LEO EN VOZ ALTA**

→ Comprenderé todo tipo de textos.
→ Organizaré mis ideas.
→ Leeré mejor en voz alta.

CONOZCO LA LENGUA

→ Aprenderé el significado de las palabras y cómo emplearlas.

ENTRENO MI VISTA

→ Sabré concentrarme mejor.

ENTRENO MI MEMORIA

→ Reforzaré mi memoria visual.

ESCUCHO Y COMPRENDO

→ Comprenderé mejor las lecturas que escucho.

¿Qué necesitas?

→ Fichas de color para cada jugador.
→ Un dado.

¡ME GUSTA LEER!

LECHUZA DETECTIVE
1 EL ORIGEN

1 ¿Qué te llama la atención de la protagonista de la historia al mirarse en el espejo? Descríbela brevemente.

CONTRACUBIERTA

2 ¿Quién es Carla Ventura y qué alimento le vuelve loca?

3 ¿Cuántos personajes hablan en los bocadillos? ¿Cuál de ellos es el abuelo de la protagonista y cómo lo sabes?

4 Resume lo que dicen los personajes de la izquierda.

5 ¿Cuál es la traducción de «guau, guau»?

PASO 3 Tapad las pistas con una hoja de papel.

PASO 4 Organizaos en grupos de 3 o 4 participantes. Uno de vosotros arbitrará el juego y dirá si las respuestas son válidas.

PASO 5 El primer jugador tira el dado y avanza las casillas que indique (puede iniciar el juego el participante que saque el número más alto).

PASO 6 ■ Si cae en una casilla vacía, pierde la vez.
■ Si cae en una casilla con círculo de color, tiene que explicar en qué le ayudará este tipo de actividad.
■ Si cae en una casilla numerada, contestará a la pregunta sobre la cubierta y la contracubierta.

PASO 7 ■ Si aciertas, adelantas una casilla.
■ Si fallas, retrocedes dos casillas y pasas el turno a otro jugador.

PASO 8 Gana quien llegue primero a la meta.

JUEGO 1

LEE EN SILENCIO

Puedes consultar el libro las veces que lo necesites

¡Empezamos!

Lee la **introducción** y los **capítulos 1** y **2** y, después, realiza las actividades.

→ **¿Cuántos miembros de la familia de Carla aparecen en la fotografía?**

a Nueve.

b Diez.

c Once.

→ **Carla admira el cómic del...**

a Detective Misterio.

b Señor del Misterio.

c Detective Problemas.

→ **¿Quién es Ratón?**

a Un vecino de Carla.

b La mascota de Carla.

c Su compañero de aventuras.

→ **¿Cuál es el almuerzo favorito de Carla?**

a Un zumo y galletas.

b Dos sándwiches de pollo y galletas.

c Un plátano y galletas.

→ **Numera estas situaciones del 1 al 4, según el orden en el que suceden.**

☐ Carla utiliza la prueba del aliento para encontrar a los sospechosos.

☐ Carla tiene que resolver la desaparición del bocadillo de Manolito.

☐ La prueba consiste en pedir a los sospechosos que hinchen globos.

☐ Buscan huellas con la tinta de un boli y lo ensucian todo.

→ **Indica si cada una de estas afirmaciones es una opinión (O) o un hecho (H).**

	O	H
• A Carla le encanta resolver misterios.	☐	☐
• Carla exclama que su recreo ha sido una porquería.	☐	☐
• El profesor se enfada cuando explota el globo.	☐	☐
• El colegio de Carla se llama Charles Chaplin.	☐	☐

Juega con las palabras

Busca cada palabra en la página indicada del libro. Lee el párrafo en el que está para deducir su significado.

➡ **Escribe el número de cada palabra junto a su significado.**

1 **acelgas** (página 8)

2 **platusa** (página 8)

3 **abominable** (página 11)

4 **aliento** (página 17)

5 **enclenque** (página 23)

6 **tufo** (página 24)

7 **prejuicios** (página 26)

☐ Olor desagradable y penetrante.

☐ Aborrecible, despreciable.

☐ Aire que se expulsa al respirar.

☐ Opinión previa y desfavorable.

☐ Débil, enfermizo.

☐ Pescado parecido al lenguado.

☐ Verdura de hoja verde ligeramente amarga.

➡ **Señala la oración en la que la palabra resaltada se usa correctamente.**

☐ Las acelgas saben **abominablemente** ricas.

☐ Me encantan los perfumes con un **tufo** ligeramente floral.

☐ A pesar de ser un perrito **enclenque,** corría a gran velocidad.

➡ **Escribe, debajo de cada imagen, la palabra del ejercicio anterior que corresponda.**

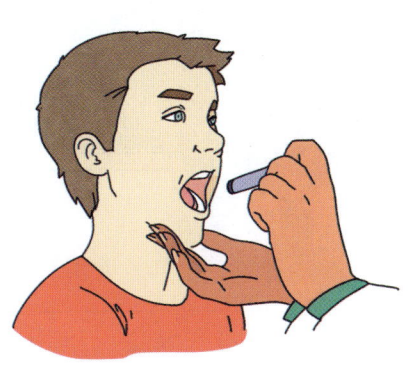

Encaja las piezas

Escribe cuatro oraciones utilizando un grupo de palabras de cada columna.

Sería mejor que	siempre delatan	en martes.
Las huellas	resuelto mi	un tomate.
Mi cara seguía	roja como	al criminal.
Había	las semanas empezasen	primer caso.

1 ....

2 ....

3 ....

4 ....

En clave

Lee el texto y elige las dos palabras que consideres más importantes para resumirlo.

Tal y como recomienda el Detective Misterio, intenté controlar mis nervios para poder pensar mejor.

➡ **He elegido las palabras...**

.... : porque ....

.... : porque ....

Letras repetidas

Escribe las letras de cada conjunto que se repiten dos veces.

D	V	B	P
A	J	C	H
B	R	Ñ	Q
Ñ	P	E	J

A	U	L	Q
G	S	T	I
J	O	H	U
L	I	V	G

W	T	N	Q
D	G	C	X
Z	G	P	T
H	C	Z	B

F	E	X	V
N	Y	S	Z
A	V	F	C
M	N	E	W

¿Qué sabes de la lectura en voz alta?

Marca V o F al lado de cada afirmación, según sea verdadera o falsa.

V F

- Cuando se lee para uno mismo, se utiliza una lectura silenciosa. ☐ ☐
- Cuando se lee para los demás, se lee en voz alta. ☐ ☐
- Antes de leer en voz alta, no se prepara el texto en silencio. ☐ ☐
- Cuando se lee para uno mismo, la postura no importa. ☐ ☐
- Para evitar los nervios, lo mejor es taparse la cara con el libro. ☐ ☐
- Hay que mirar a los oyentes para captar su atención. ☐ ☐

➔ **Según lo que has leído, ¿qué aspectos hace bien la chica?**

....

....

Solo con los ojos

En el ambiente, flotaba un intenso olor a pimentón dulce y ajo.

Para alguien inexperto en comida eso no significa

nada, pero yo, sabía muy bien que esos son

los ingredientes del chorizo ibérico.

→ **¿A qué huele el chorizo ibérico?**

_____

Lee las palabras varias veces fijando la vista en el punto.

caso	●	menú	idea	●	miga	pan	●	nata
pista	●	miga	clase	●	fresa	miga	●	fila
pierna	●	teatro	nariz	●	suelo	balón	●	timbre

→ **¿Qué palabra se repite tres veces?** _____

Busca, en las columnas del mismo color, las palabras que son diferentes. Subráyalas en las columnas 3 y 4.

1	**2**	**3**	**4**
lunes	globo	lunes	lobo
pollo	azúcar	rollo	azúcar
boca	mochila	roca	mochila
silla	gafas	silla	garras
huella	mano	paella	grano
café	chicle	café	chicle
prueba	suelo	prueba	suelo
sal	bolsillo	sol	bolsillo

→ **Responde rápidamente.**

En las columnas 1 y 2...

- ¿En cuántas palabras aparecen al tiempo **u** y **a**? ☐
- ¿Cuántas palabras contienen dos veces la **o**? ☐
- ¿Cuántas palabras empiezan por **c**? ☐

Cata a ciegas

Lee con atención esta ficha y realiza las actividades.

➡ Detecta los errores y clasifica los alimentos correctamente.

	Sabor	Olor	Textura	Alimento	Alimento correcto
Marta	dulce	vainilla	esponjosa	pepinillos	
Pedro	amargo	tostado	líquida	café	
Paula	salado	aceite	crujiente	magdalena	
Cristina	ácido	vinagre	fibrosa	patatas fritas	

➡ Indica si las siguientes afirmaciones son verdaderas (V) o falsas (F).

V F

- Marta ha probado las magdalenas.
- Pedro ha comido patatas fritas.
- Paula ha tomado café.
- Cristina ha comido pepinillos.

➡ ¿Con qué sentidos recibimos información de aquello que nos rodea?

Sabor •   • 🖐

Olor •   • 👄

Textura •   • 👁

Color •   • 👃

➡ ¿Dulce o salado? ¿Cuál de los dos sabores prefieres?

JUEGO 2

¡Empezamos!

Lee el **capítulo 3** y, después, realiza las actividades.

→ **¿Qué le pasó a Carla de camino al colegio?**

a Un hombre la empujó.

b Se tropezó con un perro.

c Se cayó en una alcantarilla.

→ **¿Qué había desaparecido de la mochila de Carla?**

a Su cartera.

b Su libro del Detective Misterio.

c Su almuerzo.

→ **¿Cuántos alumnos habían faltado al colegio?**

a Cuatro.

b Dos.

c Tres.

→ **En clase, don Eriberto se enfada mucho porque...**

a Carla no para de hablar.

b Nadie ha hecho los deberes.

c Carla se ha dormido.

→ **Indica si las siguientes afirmaciones son verdaderas (V) o falsas (F).**

V **F**

• El timbre salvó a Carla de la bronca de don Eriberto. ☐ ☐

• Las galletas aparecieron en el baño del colegio. ☐ ☐

• Después de encontrar las galletas, Isidro se las quitó. ☐ ☐

• Es martes. ☐ ☐

→ **Numera estas situaciones del 1 al 4, según el orden en el que suceden.**

☐ Impiden que los villanos construyan un súper-rayo láser.

☐ El Detective Misterio se ofrece para investigar el robo.

☐ Edelmiro se escapa y amenaza a Carla.

☐ Interrogan a un delincuente que delata a Edelmiro y su banda.

→ **¿Qué sonido ayudó a Carla a resolver el misterio de las galletas?**

_____

_____

Juega con las palabras

Busca cada palabra en la página indicada del libro. Lee el párrafo en el que está para deducir su significado.

→ **Escribe cada palabra al lado de su definición.**

- **sofocada** (página 28)
- **desbaratar** (página 29)
- **delictiva** (página 29)
- **hurtadas** (página 30)
- **pellejo** (página 31)
- **enigma** (página 32)
- **chaparrón** (página 35)

1. Piel. _____
2. Robadas. _____
3. Estropear, arruinar algo. _____
4. Lluvia muy intensa. _____
5. Acalorada, sin aliento. _____
6. Contraria a la ley. _____
7. Acertijo. _____

Texto numerado

Lee este texto numerado.

1. Eran las diez de la mañana
2. y ya tenía entre sus manos un
3. nuevo caso. Seguro que
4. el Detective Misterio
5. seguía en la cama. En
6. los tebeos, siempre
7. trabaja de noche para
8. desbaratar los malignos
9. planes de los criminales.
10. ¿Qué les había pasado
11. a Edelmiro, Aitana y
12. César Ulises? Mientras
13. hacía los ejercicios no
14. podía pensar en otra
15. cosa. ¿Se habían
16. convertido en vampiros
17. y por eso no podían venir
18. al colegio de día?

→ **Escribe en qué línea aparecen las siguientes palabras.**

vampiros: _____   tebeos: _____   cama: _____   noche: _____   criminales: _____

→ **¿En qué línea está la respuesta a esta pregunta?**

- ¿Cuándo trabajan los detectives para resolver casos? _____

Verdadero o falso

Vuelve a leer el texto de la página anterior.

→ **Indica si las siguientes afirmaciones son verdaderas (V) o falsas (F).**

	V	F
Edelmiro, Aitana y César Ulises faltan al colegio.	☐	☐
Carla se pregunta si han sido expulsados del colegio.	☐	☐
El Detective Misterio sigue en la cama a las 10:00.	☐	☐
En los tebeos, el Detective Misterio trabaja a mediodía.	☐	☐
Carla no puede dejar de pensar en el nuevo caso.	☐	☐

En resumen

Marca el resumen que te parezca más apropiado para este texto.

Aunque no os lo creáis, lo que más me fastidiaba de todo aquello era la última injusticia. Esto no podía quedar así. Allí mismo, ante la fuente del patio, me juré a mí misma ser más valiente y convertirme por fin en la heroína que creía que era.

☐ Carla decidió vengarse de los ladrones y fastidiarles con lo que más les molestaba.

☐ Carla se propone no aceptar injusticias y ser más valiente, como la heroína que quiere llegar a ser.

☐ Carla sabe que no puede hacer nada ante las injusticias y decide mirar hacia otro lado.

Al revés

Relaciona las palabras de la columna A con las que están escritas a la inversa en la columna B.

¡Fíjate en el ejemplo!

A	A		B
A	martes		orrep
B	árbol		etalocohc
C	perro		setram
D	galleta	F	oñeus
E	pupitre		erbmah
F	sueño		atellag
G	hambre		ertipup
H	chocolate		lobrá

A	A		B
A	conserje		sallidor
B	globo		atseis
C	rodillas		ejresnoc
D	cangrejo		adiraug
E	clases		otaflo
F	olfato		sesalc
G	siesta		obolg
H	guarida		ojergnac

¿Cómo pronuncias?

Practica con estos trabalenguas para mejorar tu pronunciación.

→ Prepáralos en silencio antes de leerlos en voz alta.

Crujientes galletas de chocolate, chocolate en galletas crujientes, el chococrujiente cruje con un crujido crujiente galletochococrujiente.

El archihéroe archiconocido como Detective Misterio venció a su archienemigo y salvó al mundo de una archicatástrofe archihorrible.

Autoevaluación

¿Pronuncias correctamente el texto para que te entiendan con claridad?

Valóralo del 1 al 10

| 1 | 2 | 3 | 4 | 5 | 6 | 7 | 8 | 9 | 10 |

Solo con los ojos

Lee el texto saltando de la columna izquierda a la derecha.

A los sospechosos no
estoy segura, y a mí
no parece convencer
que se lo diga
camino al colegio.
que tendría que utilizar
cosas más provechosas
de inventar excusas y
El caso es

les gusta madrugar,
tampoco. Pero esto
a mi padre, por mucho
todos los días
Siempre me contesta
mi imaginación para
como estudiar, en vez
ocurrencias de perezosa.
que es martes.

➡ **¿Qué le dice el padre a Carla?**

....

Lee las palabras varias veces fijando la vista en el punto.

rayo	●	calle	nota	●	sueño	idea	●	fuente
árbol	●	patio	pelea	●	olfato	galleta	●	recreo
ayuda	●	galleta	galleta	●	cangrejo	secreto	●	misterio

➡ **¿Qué palabra se repite tres veces?** ....

Escribe las palabras que se repiten en cada caja y el número de veces que lo hacen.

A

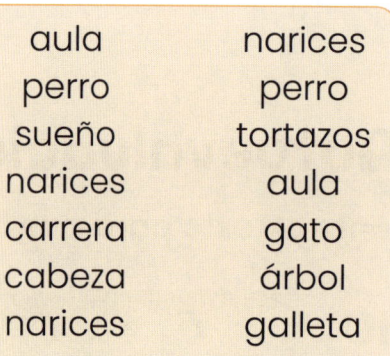

A	
clase	tebeo
ladrón	crimen
sirena	sirena
oficio	abierto
ladrón	ladrón
niños	maldades
sirena	globo
rodilla	niños

B

B	
aula	narices
perro	perro
sueño	tortazos
narices	aula
carrera	gato
cabeza	árbol
narices	galleta
aula	olfato

A

B

¿Cómo prevenir el acoso escolar?

Lee con atención este folleto y realiza las actividades.

SI ERES LA VÍCTIMA

4. **No estás solo,** siempre hay una solución.

1. **No eres culpable** de nada.
2. **No eres inferior** ni cobarde por no responder a las agresiones.
3. **Pide ayuda a** tus compañeros, tus padres o profesores.

SI ERES TESTIGO

1. No dejes sola a la víctima con el agresor.
2. **No** mires hacia otro lado, ni **participes.**
3. La unión hace la fuerza. Forma un **grupo de apoyo.**
4. **Pide ayuda** a un adulto.

SI ERES EL AGRESOR

1. No hagas a los demás lo que no te gustaría que te hicieran a ti.
2. **No juzgues** a nadie por sus apariencias.
3. Resuelve los conflictos **sin violencia.**
4. Si los demás te temen, no tendrás amigos.

→ **Indica si las siguientes afirmaciones son verdaderas (V) o falsas (F).**

	V	F
Ver un abuso y no hacer nada, te convierte en cómplice.	☐	☐
Debo aguantar un mes antes de hablar con un adulto.	☐	☐
Tengo la culpa de que me acosen porque soy diferente.	☐	☐
Si los demás me temen, seré el líder del grupo.	☐	☐

→ **Señala el comportamiento propio de un agresor.**

☐ Insulta con frecuencia.

☐ Utiliza el diálogo en caso de desacuerdo.

☐ Se siente superior a los demás.

☐ Amenaza para que no le delaten.

→ **¿Qué consejo te parece más importante? ¿Por qué?**

_____

15

JUEGO 3

LEE EN SILENCIO

Puedes consultar el libro las veces que lo necesites

¡Empezamos!

Lee el **capítulo 4** y, después, realiza las actividades.

→ **Carla debe portarse bien para...**

a que su padre no la castigue.

b ganar un premio.

c ser la primera en clase.

→ **Carla piensa que los compañeros que han faltado...**

a están bromeando.

b han sido secuestrados.

c forman una banda de ladrones.

→ **Los tres compañeros...**

a tienen sarampión.

b están malos de la tripa.

c tienen una pierna rota.

→ **Carla visita las casas en este orden:**

a César Ulises, Edelmiro y Aitana.

b Aitana, Edelmiro, César Ulises.

c Edelmiro, Aitana, César Ulises.

→ **Marca las tres afirmaciones que son verdaderas.**

☐ Carla se saltó la clase extraescolar de pintura.

☐ El hermano de Edelmiro llamó a Carla «pequeñaza».

☐ La madre de César Ulises es muy callada.

☐ Carla descartó que Ratón estuviera en la banda.

→ **Indica si cada una de estas afirmaciones es una opinión (O) o un hecho (H).**

	O	H
• Carla piensa que Ratón es un robot.	☐	☐
• En casa de Edelmiro, su hermano Goyo abrió la puerta.	☐	☐
• El abuelo de Aitana ve la tele con el volumen muy alto.	☐	☐

→ **Une cada expresión con su significado.**

Hay gato encerrado. •	• Salvarse de algo peligroso.
Salvar el pellejo. •	• Todo va bien.
Todo va sobre ruedas. •	• Hay algo sospechoso.

Juega con las palabras

Busca cada palabra en la página indicada del libro. Lee el párrafo en el que está para deducir su significado.

➡️ **Marca la definición correcta.**

- **chulear** (página 40)
  - ☐ Criticar.
  - ☐ Presumir.

- **bronca** (página 40)
  - ☐ Fuerte discusión.
  - ☐ Felicitación.

- **neuronas** (página 41)
  - ☐ Pelos del cuerpo.
  - ☐ Células que procesan la información.

- **canelones** (página 43)
  - ☐ Pasta enrollada rellena.
  - ☐ Desagüe.

- **metralleta** (página 47)
  - ☐ Máquina de coser.
  - ☐ Arma de fuego automática.

- **aturdida** (página 49)
  - ☐ Atontada.
  - ☐ Enfadada.

➡️ **Elige una palabra del ejercicio anterior de la que no conocías su significado o te parezca difícil. Escribe una oración con ella.**

Palabra: ....

Oración: ....

➡️ **Señala la oración en la que la palabra resaltada se usa correctamente.**

☐ Cuando aprendemos, los mensajes viajan de una **neurona** a otra creando conexiones.

☐ Se ha roto el **canelón** de la fachada y tienen que arreglarlo.

➡️ **Escribe las palabras del ejercicio anterior que se correspondan con las imágenes.**

Encaja las piezas

Une un fragmento de cada columna para formar oraciones.
Cópialas debajo.

Me propuse •   • no van al baño!

Espero que •   • trazar un plan.

¿Pero aún •   • me invite a merendar.

¡Los robots •   • sigues ahí?

1 ....

2 ....

3 ....

4 ....

Sigue las pistas

Lee las pistas y averigua cuál es la casa de Ratón.

Es enorme.

Hay jarrones y candelabros.

Tiene varios cuadros y espejos.

Tiene alfombras.

→ **La casa de Ratón es la letra:** ....

¡Mucha atención!

Escribe cuántas veces se repiten las letras o los números indicados en cada recuadro.

4	3	0	5	8	1
8	2	6	0	7	9
4	6	9	5	3	2
7	1	4	3	5	8
1	8	0	2	6	4

Número	Repeticiones
3	
6	
8	
9	

Letra	Repeticiones
b	
h	
l	
t	

h	a	c	l	f	t
p	b	v	f	d	j
z	t	d	c	b	h
e	l	n	i	l	g
t	p	b	t	q	v

¿Usas el volumen adecuado?

Lee cada línea con la intensidad indicada.

muy alto	¡Un momento!
bajo	¿Qué acaba de decir aquella señora?
normal	¿César Ulises estaba en casa?
muy alto	¡No podía ser! ¡Imposible!
normal	Le había oído planeando a voz en grito
muy bajo	el «golpe perfecto»,
bajo	con el resto de la banda, en casa de Aitana.
muy alto	¡Dios mío, qué astutos!
alto	¡Hasta habían engañado
muy alto	a la madre de César Ulises!

Autoevaluación

¿Has usado el **volumen** adecuado para que todos puedan escucharte?

Valóralo del 1 al 10

1 2 3 4 5 6 7 8 9 10

Solo con los ojos

Lee las palabras de cada etiqueta de un solo golpe de vista.

En clase   todos le llamaban   Ratón y   no parecía molestarle.

Era algo   rarito,   pero muy inteligente   y nunca

se hacía notar.   Tenía que   admitir que   me   había dejado llevar

por mis fantasías: César Ulises   no estaba   en la banda.

➡ ¿Cómo era César Ulises? ¿Estaba en la banda? _____

_____

Lee las palabras varias veces fijando la vista en el punto.

hora	●	aire	cama	●	cara	robot	●	baño
jueves	●	puerta	atraco	●	martes	payaso	●	atraco
atraco	●	castigo	división	●	minutos	gimnasia	●	agujero

➡ ¿Qué palabra se repite tres veces? _____

Busca las palabras que no se repiten y escríbelas.

sábado	pizza	jamón	helado	pizza	suizo
bandeja	domingo	agua	naranja	jamón	mermelada
suizo	agua	sábado	bandeja	cine	domingo
naranja	cine	piña			

comedor	fresa	magdalenas	batido	gominola	yogur
palmera	bechamel	chóped	chuleta	bollo	comedor
chuleta	gominola	bechamel	patatas	palmera	magdalenas
patatas	batido	bollo			

Aprende a comer bien

Observa la infografía y realiza las actividades.

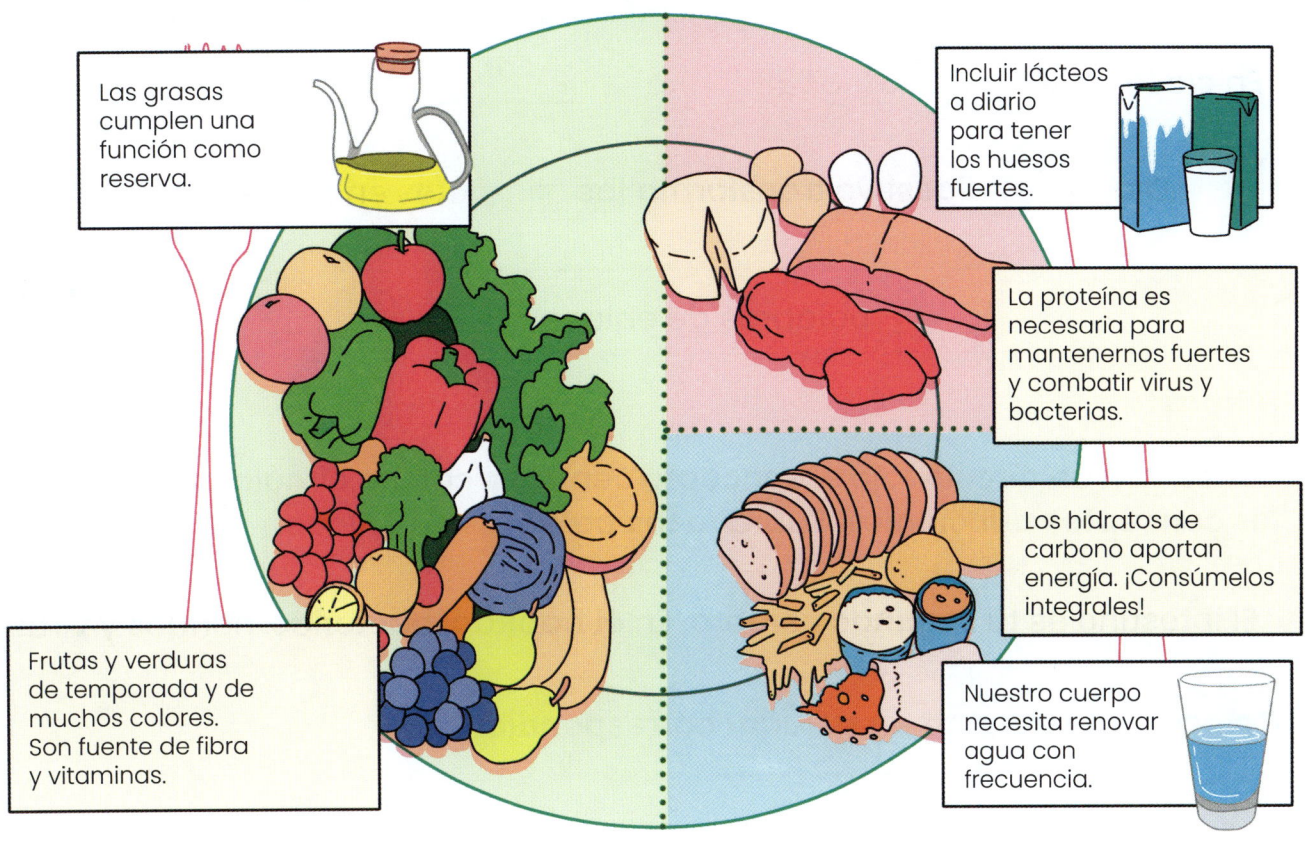

Las grasas cumplen una función como reserva.

Incluir lácteos a diario para tener los huesos fuertes.

La proteína es necesaria para mantenernos fuertes y combatir virus y bacterias.

Los hidratos de carbono aportan energía. ¡Consúmelos integrales!

Frutas y verduras de temporada y de muchos colores. Son fuente de fibra y vitaminas.

Nuestro cuerpo necesita renovar agua con frecuencia.

➜ **Indica si las siguientes afirmaciones son verdaderas (V) o falsas (F).**

V F

- El arroz es un hidrato de carbono y nos da energía. ☐ ☐
- Las frutas y verduras contienen mucha fibra y vitaminas. ☐ ☐
- Nuestro cuerpo apenas necesita agua. ☐ ☐
- Las grasas, como el aceite de oliva, cumplen una función como reserva energética. ☐ ☐

➜ **Señala el intruso y escribe el grupo de alimentos de cada serie.**

☐ Mandarina	☐ Tomate	☐ Pescado	☐ Lechuga	....
☐ Salmón	☐ Pollo	☐ Pulpo	☐ Pepino	....
☐ Arroz	☐ Aceite	☐ Pan	☐ Pasta	....

➜ **¿Hay algún alimento que no esté en el dibujo? Razona tu respuesta.**

....

....

Organiza las ideas

Fíjate en las palabras de este texto y dónde se colocan en el gráfico.

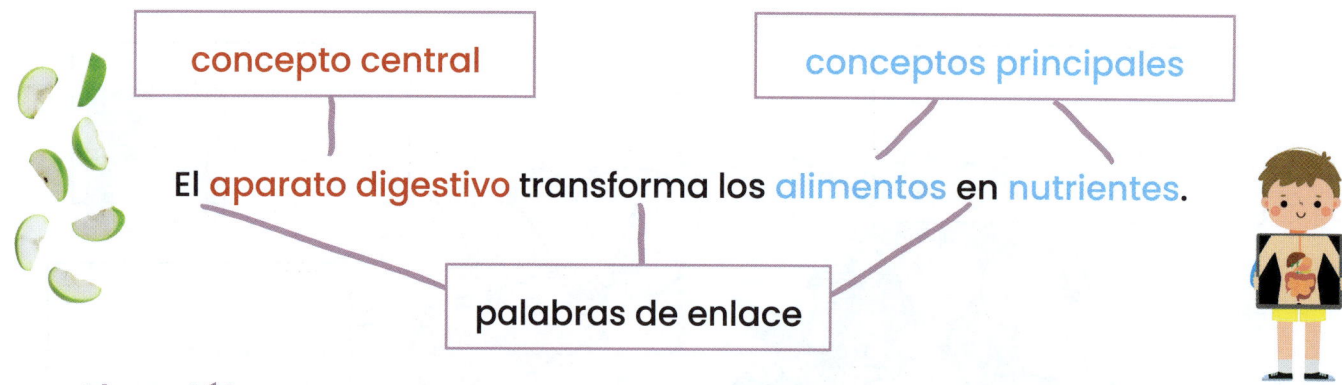

¡Ahora tú!

→ Rodea con un círculo rojo el concepto central y con un círculo azul los conceptos principales. Subraya las palabras de enlace.

El intestino es tu segundo cerebro. En él habitan: bacterias, hongos y virus.

→ Coloca cada palabra en su lugar correspondiente.

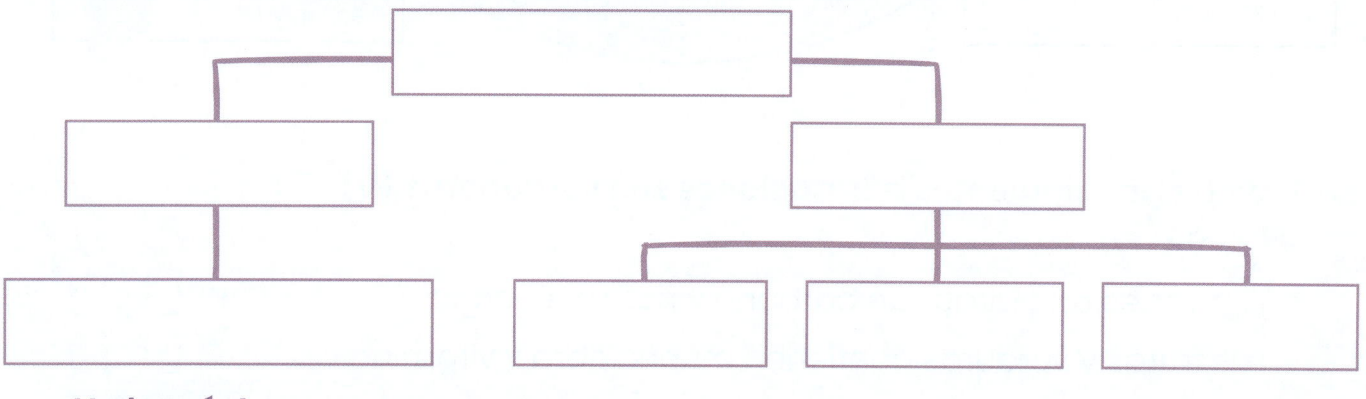

¡Y al revés!

→ Escribe el texto que corresponda a las palabras del gráfico.

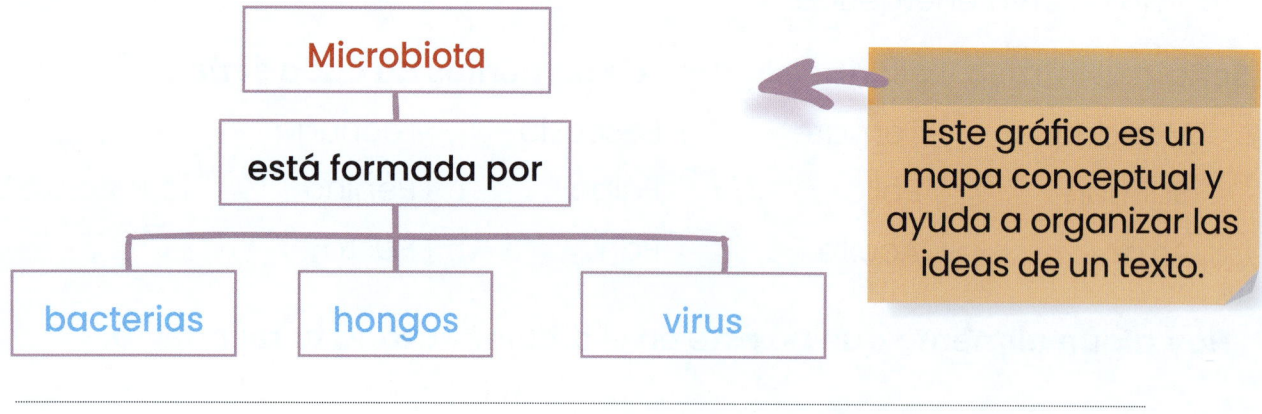

Este gráfico es un mapa conceptual y ayuda a organizar las ideas de un texto.

¡Caso resuelto!

Presta mucha atención al texto que vas a escuchar.
Luego, realiza las actividades.

El texto está en las páginas 47 a 51 del libro.

→ **¿Cómo es la madre de Ratón?**

a Alargada y con la melena rubia.

b Pequeña y con el pelo negro.

c Fuerte y con melena rubia.

→ **La madre de Ratón creía que...**

a a Carla le gustaba la fruta.

b a Carla no le gustaba el jamón.

c Carla tenía sed.

→ **La madre de Ratón habla como...**

a una radio.

b una aspiradora.

c una metralleta.

→ **¿Qué merienda Carla?**

a Una bandeja llena de dulces.

b Una macedonia.

c Galletas de chocolate.

→ **Marca con una cruz las tres afirmaciones que son verdaderas.**

☐ Ratón no tira de la cadena para que Carla compruebe que no es un robot.

☐ Ratón y Carla hablaron toda la tarde y merendaron juntos.

☐ Ratón no entiende qué hace Carla en su casa.

☐ Ratón es rarito, pero muy inteligente y nunca se hace notar.

→ **Numera del 1 al 4 estas situaciones, según el orden en el que suceden.**

☐ Carla entra en la habitación de Ratón y este va corriendo al baño.

☐ Carla va a casa de Ratón a confirmar sus sospechas.

☐ Carla comprende que Ratón no estaba en la banda.

☐ La madre de Ratón se pone a hablar a Carla sin parar.

→ **¿Por qué Carla cree que Ratón es un robot?**

....

....

....

JUEGO 4

LEE EN SILENCIO

Puedes consultar el libro las veces que lo necesites

¡Empezamos!

Lee el **capítulo 5** y, después, realiza las actividades.

→ **Aitana, Edelmiro, Goyo y Ratón...**

a cogen el mismo autobús.

b viven en la misma calle.

c van juntos a kárate.

→ **¿Qué les dio el profe de kárate?**

a Unas barritas energéticas.

b Una naranja.

c Unos sándwiches.

→ **Carla cree que el profesor...**

a es un estafador.

b ha intoxicado a los alumnos.

c ha lavado el cerebro a los alumnos.

→ **Carla relaciona el caso con...**

a el n.º de *Cinturón blanco*.

b el n.º de *Don Cloaca*.

c el n.º de *La amenaza Gruyère*.

→ **Marca las dos afirmaciones que son verdaderas.**

☐ La madre de Ratón defendió a Carla.

☐ Ratón tiene muchos amigos en el colegio.

☐ Los cómics de Detective Misterio son los favoritos de Ratón.

☐ Ratón usa palabras muy modernas.

→ **Numera del 1 al 4 estas situaciones, según el orden en que suceden.**

☐ Don Bartolo Malolor envenenaba el queso de las pizzas.

☐ Los intoxicados robaban por orden de don Bartolo.

☐ Los envenenados se despertaban e iban a las cloacas.

☐ Al día siguiente, no se acordaban de nada.

→ **Relaciona a cada personaje con un rasgo.**

Aitana •   • Se pone colorado.

Edelmiro •   • La injusticia le saca de sus casillas.

Ratón •   • Le gusta el color rosa.

Carla •   • Se apropia de lo que no es suyo.

Juega con las palabras

Busca cada palabra en la página indicada del libro.
Lee el párrafo en el que está para deducir su significado.

➜ Escribe el número de cada palabra junto a su significado.

1 **picardía** (página 53)

2 **rocambolesco** (página 53)

3 **berrinche** (página 54)

4 **chivato** (página 59)

5 **intoxicar** (página 59)

6 **guarida** (página 60)

7 **novato** (página 61)

Que acusa en secreto.

Principiante.

Envenenar.

Inverosímil.

Cueva o refugio.

Astucia, viveza.

Enfado grande.

Sopa de letras

Busca las palabras de la nota en la sopa de letras. Pueden leerse del derecho o del revés.

```
N O V E N E N O
M Á Q U I N A S
R E C R E O H A
P I J A M A O G
S O S E U Q Y Q
J U E G O V O Z
O M O R C U E P
R E J U Z G A R
```

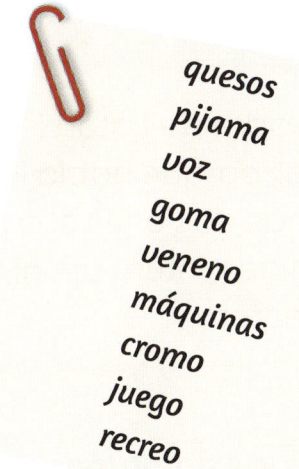

quesos
pijama
voz
goma
veneno
máquinas
cromo
juego
recreo

➜ Une las letras que sobran y descifra el mensaje del padre de Carla.

_____

_____

A ver si recuerdas

Recuerda las palabras que has encontrado en la sopa de letras
y tacha las que no aparecen.

pizza   pegatina   recreo   cromo   pijama

nariz   unicornio   queso   ojo   camiseta

➡ Observa durante un minuto las fotografías. Luego, tápalas y
escribe el nombre de las que recuerdes.

....

....

En clave

Lee el texto y elige las dos palabras que consideres más
importantes para resumirlo.

> La madre de Ratón le convenció para que se sintiera orgulloso
> de mí, porque había ido a visitar a un compañero enfermo. «Las
> buenas acciones son mucho mejores que las clases, aunque
> sean de pintura», le dijo a mi padre mientras me guiñaba un ojo
> en secreto.

➡ He elegido las palabras...

.... : porque ....

.... : porque ....

➡ Sin volver a leerlo y usando las palabras elegidas, resume el texto al resto
de la clase.

¡Mucha atención!

Observa el recuadro y responde lo más rápido que puedas.

→ ¿Qué número se repite tres veces? ....

→ ¿Qué número se repite dos veces? ....

→ ¿Qué número no aparece? ....

→ ¿Cuántas letras diferentes hay en total? ....

¿Cómo es tu entonación?

Lee en silencio el texto antes de hacerlo en voz alta.

→ **Debes leer muy rápido las palabras en negrita y muy despacio, las subrayadas.**

Entramos, <u>hicimos los ejercicios de estiramiento</u> y... **¡espera!** ¡Tienes razón! **¡Ayer ocurrió algo distinto de otros días!** Después de calentar los músculos, <u>el profe nos dio a cada uno una barrita energética con sabor a naranja.</u> Dijo que se las habían regalado en su <u>gimnasio.</u> **¡Trajo una caja repleta de barritas** <u>y las repartió entre todos!</u>

Autoevaluación

¿Tu **velocidad lectora** es la adecuada para que tu mensaje se escuche con claridad?

Valóralo del 1 al 10 →

| 1 | 2 | 3 | 4 | 5 | 6 | 7 | 8 | 9 | 10 |

Solo con los ojos

Lee las palabras de cada etiqueta de un solo golpe de vista.

Ratón empezaba   a tomarme   en serio.   Rascándose   el flequillo

mientras ponía   cara de interesante,   y con ese pijama   de cuadros

que llevaba puesto,   ¡parecía el mismísimo Sherlock Holmes!   Aunque

ese detective   esté un poco   pasado de moda   para mi gusto.

➡ **¿A quién se parecía Ratón?**

....

Lee las palabras varias veces fijando la vista en el punto.

miga	●	limón	miedo	●	cara	recreo	●	mano
padre	●	recreo	visita	●	madre	abuela	●	bronca
flequillo	●	pintura	recreo	●	barrita	profesor	●	discurso

➡ **¿Qué palabra se repite tres veces?** ....

¿Cuántas veces se repite la primera palabra de cada serie?

pista	pisto, piso, pasa, pista, pila, polo, pilla, pista, paja, pala, pico, pista, lista, bizca, vista, pista, ristra, tinta, finca, pista.	⬚
caso	vaso, cazo, caso, faro, raso, caso, paso, poso, soso, cosa, caso, casa, caso, raso, graso, agrio, ancho, calvo, caso.	⬚
robo	globo, robo, mono, oro, robo, rojo, otro, rombo, robo, socio, coro, robo, polo, toldo, robo, dorso, robo, solo, trozo.	⬚
banda	banda, panda, banda, gasa, banda, baya, banda, rama, gama, banda, churro, rabia, barba, banda, bata, falda, banda.	⬚

El laberinto de los buenos hábitos

Responde a esta encuesta y realiza las actividades.

Descanso

a) Entre 9-10 horas.
b) 8 horas.
c) Menos de 8 horas.

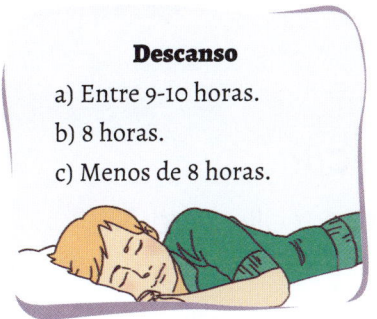

Ejercicio físico

a) Nunca hago ejercicio.
b) Solo hago ejercicio si me obligan.
c) Practico un deporte que me gusta.

Emociones

a) Expreso lo que siento a mis seres queridos.
b) Jamás hablo de mis sentimientos con nadie.
c) No cuento mis emociones, pero cuando no puedo más exploto.

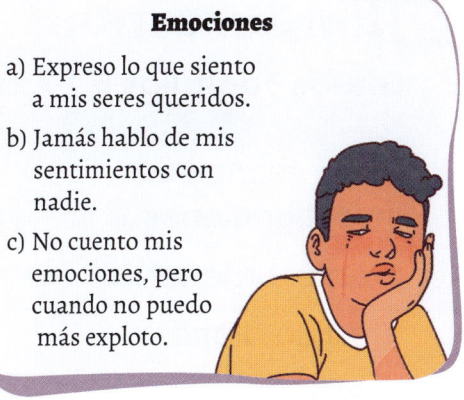

Higiene

a) Me lavo las manos antes de cada comida.
b) Me lavo las manos si las tengo sucias.
c) Solo me lavo las manos cuando me acuerdo.

Alimentación

a) Como variado y saludable.
b) Solo como lo que me gusta.
c) Tomo muchos dulces.

➔ **Indica si las siguientes afirmaciones son verdaderas (V) o falsas (F).**

V   F

- Si no duermo lo suficiente me encontraré bien. ☐ ☐
- Hacer deporte mejora el funcionamiento de nuestro cuerpo. ☐ ☐
- Es necesario seguir una dieta variada y evitar la comida basura. ☐ ☐
- Es mejor no molestar a los demás con mis preocupaciones. ☐ ☐

➔ **Marca los hábitos para llevar una vida saludable.**

☐ Ducharse diariamente.

☐ Mantener la ropa y la habitación limpias.

☐ Lavarse las manos cuando estén sucias.

☐ No cubrirse al toser o estornudar.

☐ Cepillarse los dientes al irse a dormir.

☐ No cargar peso en la mochila.

➔ **¿Hay alguna rutina que te resulte más difícil de cumplir? Explica por qué.**

_____

JUEGO 5

LEE EN SILENCIO

Puedes consultar el libro las veces que lo necesites

¡Empezamos!

Lee los **capítulos 6** y **7**, después, realiza las actividades.

→ **Carla escribe sus investigaciones...**

a en el ordenador.

b en un diario.

c en una pizarra.

→ **¿Quiénes faltan al colegio?**

a Margarita y Julián.

b Margarita y Pedro.

c Julián y Rosa.

→ **Carla se propone desenmascarar...**

a a don Eriberto.

b a Margarita y Julián.

c al profe de kárate.

→ **Los padres de Carla...**

a se divorciaron y ella vive con su madre.

b se divorciaron y ella vive con su padre.

c siguen casados.

→ **La madre de Carla vive con...**

a Ramón Pérez y sus hijos.

b Paco Feroz y sus hijos.

c Ramón Feroz y sus hijos.

→ **Carla desveló a su padre...**

a sus investigaciones.

b sus ocurrencias.

c que no le gustan las acelgas.

→ **Numera estas situaciones del 1 al 4, según el orden en el que suceden.**

☐ En la huida, Carla choca con el conserje y su padre.

☐ Carla acusa al profesor e intenta escapar.

☐ Carla se cuela en el gimnasio forzando la ventana.

☐ Carla se disfraza y se camufla en la clase de kárate.

→ **¿Qué medidas drásticas toma el padre de Carla?**

....

→ **¿Qué consecuencias habría tenido para ti haber hecho algo así?**

....

....

Juega con las palabras

Busca cada palabra en la página indicada del libro. Lee el párrafo en el que está para deducir su significado.

➡ **Marca la definición correcta.**

- **malhechores**
  (página 64)

  ☐ Persona que comete un delito.
  ☐ Persona que ayuda a los demás.

- **infalible**
  (página 64)

  ☐ Defectuoso.
  ☐ Que no puede fallar.

- **raquítico**
  (página 69)

  ☐ Muy estiloso.
  ☐ Muy pequeño.

- **camuflaje**
  (página 69)

  ☐ Disimular dando otro aspecto.
  ☐ Canción pegadiza.

- **mamporro**
  (página 71)

  ☐ Insulto.
  ☐ Golpe.

- **drásticas**
  (página 82)

  ☐ Tajantes y contundentes.
  ☐ Agradables y moderadas.

- **requisar**
  (página 83)

  ☐ Quitar algo por un tiempo.
  ☐ Vender algo.

➡ **Completa las oraciones con palabras del ejercicio anterior.**

Los _____ habían robado la llave para entrar en la casa.

La casa era verde y se _____ con el jardín.

El vestido que llevaba el maniquí me quedaba _____ y pedí otro más grande.

➡ **Elige una palabra del ejercicio anterior de la que no conocías su significado o te parezca difícil. Escribe una oración con ella.**

_____

Palabra intrusa

Tacha la palabra incorrecta de cada pareja.

No es la primera **vez-veces** que escuchas todo **esta-esto** que te estoy **contado-contando** , ¿verdad? Estoy seguro de **que-quien** te lo sabes de memoria. Creo que **estos-estas** charlas te las **sabes-sabemos** de memoria y no producen **ninguna-ningún** efecto en **ti-tu** . Y has **hacían-hecho** cosas **muy-mucho** graves.

Ponle título

Escribe al lado de cada título el número que se corresponde con las oraciones de abajo.

¡CASTIGO EJEMPLAR!

¡FULMINADA!

¡CRAC!

LA CHARLA

¡PLAS PLAS!

1 ¡Quedan suspendidos el cine y la pizza!

2 Las ventanas están cerradas. A ver si con este palito...

3 ¡No pienso soportar más mamporros!

4 No podía mirarle a los ojos.

5 Nos encanta que tengas imaginación...

➡ **Elige el título que más te guste y explica por qué.**

Elijo el título número .... porque ....

....

¡Mucha atención!

Indica el número de veces que aparece repetida la karateka.
Utiliza solo los ojos para contar.

.... veces.

.... veces.

.... veces.

.... veces.

¿Te adelantas al texto?

Lee este texto en voz alta sustituyendo los números por las palabras correspondientes.

1. vida

2. perro

3. videojuegos

Con mi hermano (4) lo tenéis difícil porque solo abre la (6) para hablar de (3), pelis de vampiros y de grupos de rock. Y con (5), bueno, con Can lo tenéis más complicado todavía porque, aunque es el (2) más listo que he visto en mi (1), dudo que os pueda contar nada.

4. Marcos

5. Can

6. boca

Autoevaluación

¿Te **adelantas** al texto antes de pronunciarlo?

Valóralo del **1** al **10**

1 2 3 4 5 6 7 8 9 10

Solo con los ojos

Lee las palabras de cada columna de arriba abajo.

Cuando	triste	más fuerte
nos fuimos	que	a su
del cole	enfadado.	mano
mi padre	Me quedé	mientras
parecía	callada	cruzábamos
más	y me agarré	el semáforo.

➜ **¿Cómo estaba el padre de Carla?** ....

....

Lee las palabras varias veces fijando la vista en el punto.

traje	●	baño	gafas	●	mesa	rayo	●	suelo
mano	●	perro	charla	●	castigo	bomba	●	plato
kárate	●	castigo	sábado	●	deberes	castigo	●	pijama

➜ **¿Qué palabra se repite tres veces?** ....

Busca las palabras que no se repiten y escríbelas.

despacho	quimono	vestuario	gimnasia
puerta	taquillas	kárate	despacho
kárate	gimnasia	clases	puerta
vestuario	clases	quimono	

cinturón	mesa	ventana	baldosa
habitación	baño	patio	vestuario
baldosa	patio	cinturón	mesa
vestuario	ventana	baño	

¡Quiero aprender kárate!

Lee con atención este folleto y realiza las actividades.

Existen siete colores de cinturones de kárate y cada color tiene un significado en el aprendizaje de este arte marcial. Progresivamente, se va subiendo de nivel y cambiando de color.

El kárate promueve la disciplina, el respeto, la tolerancia y el trabajo en equipo. Mejora la autoestima y fortalece cuerpo y mente.

CINTURÓN	SIMBOLIZA
(blanco)	El inicio de la transformación. Es el cinturón de los principiantes.
(amarillo)	Luz, búsqueda y alianzas.
(naranja)	Ilusión, el despertar.
(verde)	Esperanza, equilibrio y crecimiento.
(azul)	Ilusión y confianza en avanzar.
(marrón)	Iniciación al conocimiento. Consolidación.
(negro)	Acumulación de conocimientos. Se sigue aumentando en grados o *danes*.

chaqueta o *uwagi*

Cinturón u *ovi*

pantalón

KARATEGUI

→ **Indica si las siguientes afirmaciones son verdaderas (V) o falsas (F).**

	V	F
El cinturón de los principiantes es el blanco.	☐	☐
Después del negro, ya no hay aprendizaje.	☐	☐
El cinturón marrón significa esperanza.	☐	☐
La chaqueta recibe el nombre de *uwagi*.	☐	☐

→ **¿Qué actitudes positivas promueve el kárate?**

_____

LEE EN SILENCIO

Puedes consultar el libro las veces que lo necesites

¡Empezamos!

Lee los **capítulos 8** y **9**, después, realiza las actividades.

→ **Carla había hecho un juramento:**

a investigaría en secreto.

b dejaría la investigación.

c pospondría la investigación.

→ **Carla y su abuelo...**

a se reúnen en una cafetería.

b se ven en casa.

c chocan en el colegio.

→ **Silvia y Nacho...**

a también eran karatekas.

b no eran karatekas.

c eran saltadores de obstáculos.

→ **El abuelo le regala...**

a un libro de aventuras.

b unos prismáticos.

c una capa con superpoderes.

→ **Marca las tres afirmaciones sobre el abuelo que son verdaderas.**

☐ Fue un famosísimo aventurero.

☐ Es muy casero y le encanta cocinar.

☐ Ha vivido en el desierto y en la selva.

☐ Ha viajado en globo, en camello, en elefante, en tren, en moto...

→ **Señala las tres formas de Carla para investigar sin que lo parezca.**

☐ Anota quién falta cuando el profe pasa lista.

☐ Se mete en peleas.

☐ Pregunta sin llamar la atención.

☐ Busca noticias en la prensa.

☐ Le cuenta a todo el mundo sus pesquisas.

→ **¿Qué quiere decir el abuelo con esta frase?: «Por tus venas corre la sangre aventurera de los Ventura.»**

_____

Juega con las palabras

Busca cada palabra en la página indicada del libro. Lee el párrafo en el que está para deducir su significado.

➡ Escribe el número de cada palabra junto a su significado.

1 **pifiado** (página 84)

2 **bocina** (página 87)

3 **iglú** (página 89)

4 **bisontes** (página 90)

5 **lunático** (página 91)

6 **penden** (página 93)

7 **fauces** (página 96)

8 **clarividencia** (página 102)

☐ Cuelgan.

☐ Loco.

☐ Comprender las cosas con claridad.

☐ Animal salvaje parecido al toro.

☐ Vivienda construida con hielo.

☐ Fastidiado.

☐ Sonido del timbre.

☐ Boca de los animales.

En espejo

Lee este texto en espejo y contesta a las preguntas.

Las noches del Amazonas son peligrosas porque las bestias salen en busca de alimento. La tribu de los Uyuyuy lo sabe. Ellos llevan viviendo cientos de años en este lugar y tienen bien presentes sus peligros. Sus cabañas penden de las copas de los árboles a más de veinte metros de altura. Allí, los Hombres Lechuza observan sin ser vistos protegiendo a su pueblo.

➡ **¿Por qué son peligrosas las noches en el Amazonas?**

....

➡ **¿Dónde construyen los Uyuyuy las cabañas?**

....

➡ **¿Por qué se llaman Hombres Lechuza?**

....

A ver si recuerdas

Vuelve a leer el texto en espejo de la actividad anterior. Señala las seis palabras que aparecen en él.

- ☐ copas
- ☐ planta
- ☐ tribu
- ☐ estrella
- ☐ noches
- ☐ flechas

- ☐ fruto
- ☐ metros
- ☐ viento
- ☐ bestias
- ☐ invierno
- ☐ cabañas

Sigue las pistas

Lee las pistas y averigua cuál es el desván del abuelo.

Tiene estanterías con libros.

No tiene ventanas.

Y una lámpara japonesa.

Tiene una alfombra de vivos colores.

A    B   C    D    E

➜ **El desván del abuelo es la letra** _____

Mensaje secreto

Escribe en cada espacio la letra que corresponda según esté a la izquierda (I) o a la derecha (D) y lee un mensaje.

I		D
B	1	T
Q	2	L
D	3	N
R	4	I
E	5	U
S	6	F
P	7	Y
A	8	C
M	9	F
O	10	J

5I 2D   8I 1I 5D 5I 2D 10I   3I 5I

8D 8I 4I 2D 8I   1D 5I 9I 5I   2I 5D 5I   5D 3D   3I 4D 8I

8D 8I 4I 2D 8I   6I 5I   9I 5I 1D 8I   5I 3D   5D 3D

2D 4D 10I   7D   3D 8I 3I 4D 5I   2D 8I

7I 5D 5I 3I 8I   8I 7D 5D 3I 8I 4I

¿Levantas la mirada?

Lee este texto en voz baja. Luego léelo en voz alta como si presentaras un programa de televisión.

→ **Alza los ojos cada vez que encuentres el símbolo** 👁

Las sombras chinescas 👁 de todos los extraños recuerdos de mi abuelo 👁 revoloteaban por las paredes como una amenaza. 👁

Puf, 👁 reconozco que empecé sentir un poco de miedo, 👁 aunque... 👁 ¡era todo tan emocionante! 👁 Lo malo 👁 es que me estaba empezando a hacer pis... 👁 La llave consiguió encajar, 👁 y al girarla sonó un pequeño chasquido. 👁

Autoevaluación

Al leer, ¿diriges la **mirada** al auditorio?

Valóralo del 1 al 10 → 1 2 3 4 5 6 7 8 9 10

Solo con los ojos

Lee las palabras de cada etiqueta de un solo golpe de vista.

A partir   de ahora,   Carla Ventura,   cada vez   que sientas

la necesidad   de meterte   en un lío   en pos   de la   justicia,

deberás utilizar   esta capa   con la responsabilidad   y admiración

que se merecen   todas las generaciones   de Hombres Lechuza.

→ **¿Cuándo deberá utilizar Carla la capa?**

....

Lee las palabras varias veces fijando la vista en el punto.

llave	●	capa		pico	●	llave		capa	●	cueva
avión	●	búho		capa	●	poder		percha	●	regalo
cabeza	●	camello		cabaña	●	pradera		desierto	●	lechuza

→ **¿Qué palabra se repite tres veces?** ....

Escribe las palabras que se repiten en cada columna y el número de veces que lo hacen.

A	**B**
globo	selva
robo	vela
globo	selva
moto	seda
robo	vela
moto	seda
globo	vela
robo	seda
moto	selva
robo	vela
moto	seda

A
....
....
....

B
....
....
....

¡Paremos la deforestación!

Lee con atención este folleto y realiza las actividades.

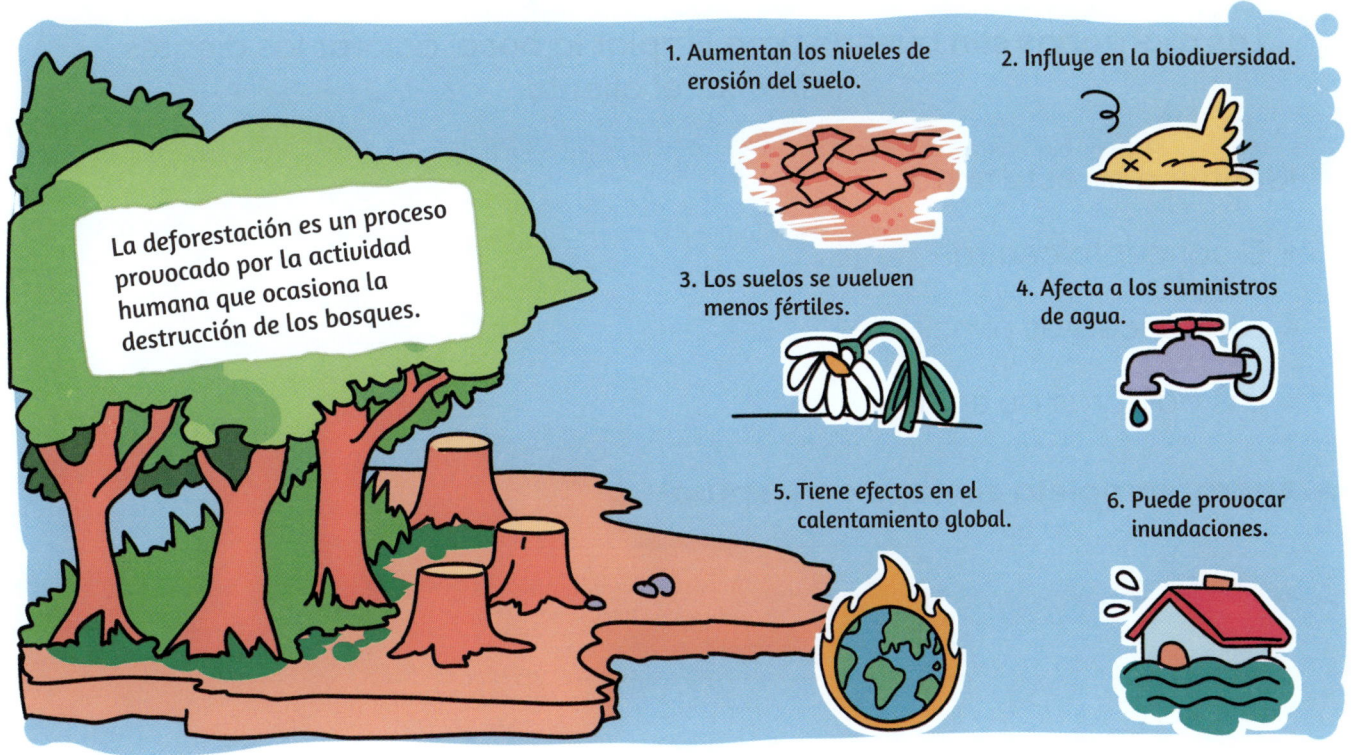

La deforestación es un proceso provocado por la actividad humana que ocasiona la destrucción de los bosques.

1. Aumentan los niveles de erosión del suelo.

2. Influye en la biodiversidad.

3. Los suelos se vuelven menos fértiles.

4. Afecta a los suministros de agua.

5. Tiene efectos en el calentamiento global.

6. Puede provocar inundaciones.

→ **Indica si las siguientes afirmaciones son verdaderas (V) o falsas (F).**

	V	F
La deforestación contribuye al calentamiento global.	☐	☐
Las inundaciones no guardan relación con la deforestación.	☐	☐
Erosiona el suelo y reduce su fertilidad.	☐	☐
Ocasiona la pérdida de biodiversidad.	☐	☐
Produce alteraciones en el ciclo del agua.	☐	☐

→ **Señala tres beneficios que nos proporcionan los árboles.**

☐ Purifican el aire.

☐ Dan cobijo a los animales.

☐ Provocan gases de efecto invernadero.

☐ Amplifican los ruidos.

☐ Producen alergias.

☐ Protegen del sol.

☐ Impiden que el aire circule libremente.

→ **Propón dos acciones para combatir la deforestación.**

Organiza las ideas

Lee este texto.

> Las manzanas son buenas para limpiar la boca, aclarar los dientes y refrescar el aliento.

➡ **Identifica en este texto...**

- El concepto central: ....

- Los conceptos principales: ....

- Las palabras de enlace: ....

➡ **Ahora, completa el mapa conceptual.**

```
        ┌──────────────┐
        │              │
        └──────┬───────┘
        ┌──────┴───────┐
        │              │
        └──────┬───────┘
   ┌───────────┼───────────┐
┌──────┐   ┌──────┐   ┌──────┐
│      │   │      │   │      │
└──────┘   └──────┘   └──────┘
```

¡Y al revés!

➡ **Lee este mapa conceptual e intenta reconstruir el texto con tus palabras. Cuéntaselo al resto de la clase.**

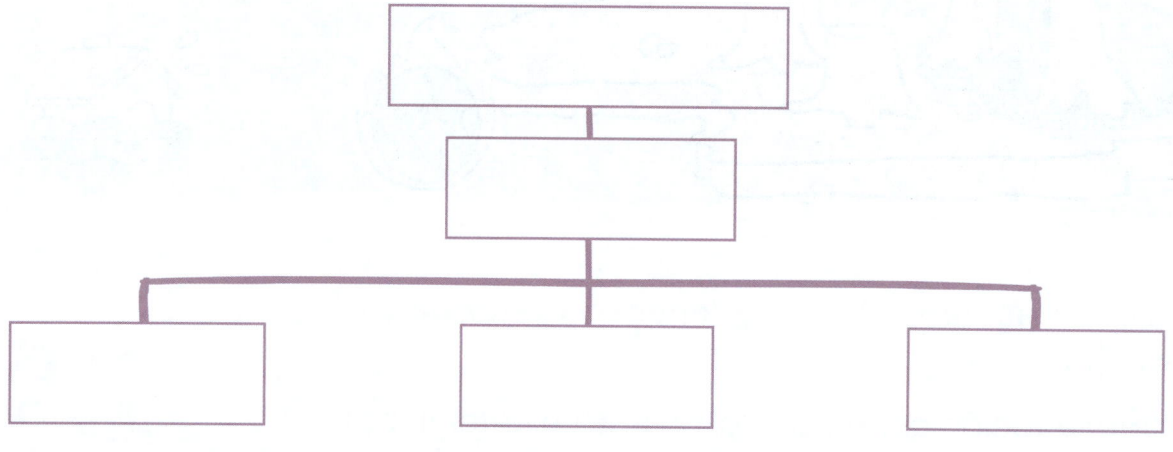

Algunos alimentos beneficiosos

son → ajo | aguacate | nueces

se caracterizan por → prevenir enfermedades | fortalecer el sistema inmune | mejorar la memoria

Las apariencias engañan

Presta mucha atención al texto que vas a escuchar. Luego realiza las actividades.

El texto está en las páginas 96 a 102 del libro.

→ **¿Cómo conoció Carlos a los Uyuyuy?**

a En un baile tradicional.

b Le salvaron de un cocodrilo.

c Eran sus guías de montaña.

→ **¿Qué problema tenían los Hombres Lechuza?**

a Habían enfermado.

b El clima era muy duro donde vivían.

c El hombre blanco talaba los árboles del poblado.

→ **¿Cómo ayudó Carlos a los Uyuyuy?**

a Reconstruyendo sus cabañas.

b Impartiendo clases de Matemáticas.

c No les ayudó porque tuvo que irse.

→ **El abuelo le regala la capa...**

a para que la lave y se la devuelva.

b para ocultársela a la abuela.

c como depositaria del Poder de la Lechuza.

→ **Marca con una cruz las tres afirmaciones que son verdaderas.**

☐ El abuelo cree en las segundas oportunidades.

☐ Los Hombres Lechuza prefieren la ciudad.

☐ El abuelo confundió una roca con la espalda de un cocodrilo.

☐ Los Hombres Lechuza alejaron al abuelo del peligro.

→ **¿Qué quiere decir la expresión «dar un patatús»?**

_____

→ **¿Qué lección le dieron los Hombres Lechuza al abuelo?**

_____

_____

→ **Inventa un nuevo título para el texto que has escuchado.**

_____

43

LEE EN SILENCIO

Puedes consultar el libro las veces que lo necesites

¡Empezamos!

Lee el **capítulo 10** y, después, realiza las actividades.

➜ **Cuando todos dormían, Carla...**

a se puso su traje de lechuza.

b leyó toda la noche.

c llamó a Ratón por teléfono.

➜ **El traje le dio la capacidad de:**

a volar.

b hacerse invisible.

c ver en la oscuridad.

➜ **Apenas durmió porque...**

a le seguía doliendo la tripa.

b estaba emocionada.

c Can no dejaba de ladrar.

➜ **En el colegio faltaron...**

a otros tres compañeros.

b otros cinco compañeros.

c otros dos compañeros.

➜ **En el recreo Carla jugó...**

a al fútbol.

b al tenis.

c al baloncesto.

➜ **¿Qué se compró con su padre?**

a Una linterna láser.

b Un pijama.

c Una varita mágica.

➜ **Numera estas situaciones del 1 al 4, según el orden en que suceden.**

☐ Carla continuó con su papel de alumna ejemplar.

☐ La habitación le da vueltas y Carla pierde el conocimiento.

☐ Eriberto felicitó a Carla y su padre le levantó el castigo.

☐ El padre preparó pizzas para cenar, pero a Carla le olían fatal.

➜ **Indica si las siguientes afirmaciones son verdaderas (V) o falsas (F).**

	V	F
• Cuando Carla se probó el traje, sintió un escalofrío.	☐	☐
• Carla bebió de la fuente del patio y el agua sabía mal.	☐	☐
• Carla guardó el traje en el garaje de su casa.	☐	☐
• Esa noche había luna creciente.	☐	☐

Juega con las palabras

Busca cada palabra en la página indicada del libro. Lee el párrafo en el que está para deducir su significado.

➔ Escribe el número de cada palabra junto a su significado.

1 **engullir** (página 105)

2 **escalofrío** (página 106)

3 **husmeando** (página 107)

4 **garras** (página 107)

5 **piraña** (página 107)

6 **vegetariana** (página 111)

7 **escatimes** (página 112)

☐ Pez de dientes afilados y gran voracidad.

☐ Tragar la comida sin masticarla.

☐ Que solo come productos vegetales.

☐ Uñas de animal fuertes y curvadas.

☐ Sensación de frío repentina.

☐ Rastreando con el olfato algo.

☐ Disminuyas lo que se ha de hacer.

➔ Elige una palabra del ejercicio anterior de la que no conocías su significado o te parezca difícil. Escribe una frase con ella.

....

➔ Señala las dos oraciones en las que las palabras resaltadas se utilizan correctamente.

☐ Entre todos hemos **escatimado** que seas tú la delegada de clase.

☐ Mastica despacio y no **engullas** la hamburguesa.

☐ La pizza es **vegetariana:** sin carne ni pescado, solo verduras.

➔ Escribe la palabra del ejercicio anterior que corresponda a cada dibujo.

A

B

C

A ....

B ....

C ....

En clave

Lee el texto y elige las dos palabras que consideres más importantes para resumirlo.

Igual que mi admirado Misterio es incapaz de pensar sin el sombrero puesto, quizá lo único que me faltaba para resolver el caso era ponerme mi traje de lechuza. Lo que Carla era incapaz de averiguar no se le resistiría a... ¡la Lechuza Detective!

....

→ **Escribe un resumen sin fijarte en el texto usando las palabras elegidas.**

....

....

....

....

¿Qué falta?

→ **Completa esta tabla con los verbos y los nombres que faltan.**

Nombres	Verbos
investigación	
	ahorrar
regalo	
	ladrar
juego	
	pintar

→ **Forma dos oraciones con algunas de las palabras anteriores.**

1 ....

2 ....

¡Mucha atención!

Localiza la máscara de superhéroe que no se repite y rodéala.

¿Cómo entonas?

Lee en voz alta las siguientes oraciones, cada vez con una de las entonaciones propuestas.

pregunta • exclamación • enfado • pena

- En mi mochila tenía una capa con superpoderes.
- No pegué ojo en toda la noche.
- Papá me recogió en el cole y nos fuimos de compras.

Autoevaluación

¿Utilizas la **entonación** adecuada en la lectura en voz alta?

Valóralo del 1 al 10 → 1 2 3 4 5 6 7 8 9 10

Solo con los ojos

Lee las palabras de cada etiqueta de un solo golpe de vista.

La media hora   que duró el recreo   la pasé corriendo

detrás del balón.   ¡Madre   mía   lo que sudé!   El profe dice

que las personas   somos casi todo   agua y que   tenemos

que reponerla   cuando la perdemos.

→ **¿Por qué hay que beber agua cuando sudamos?**

Lee las palabras varias veces fijando la vista en el punto.

capa	● cubos	casa	● garra	bolsa	● garra
garra	● caso	cajón	● capa	chándal	● balón
pecera	● armario	pijama	● pájaros	ventana	● capucha

→ **¿Qué palabra se repite tres veces?**

¿Cuántas veces se repite la primera palabra de cada serie?

pista	vista, pista, lista, pista, risa, pista, brisa, tripa, niña, ninfa, pinza, pizca, pizza, rifa, piña, pista, tinta, prisa, pista, limpia.	⬜
lupa	lucha, jungla, junta, lupa, luna, blusa, lupa, bruja, pulpa, lupa, pura, nuca, lupa, tuya, yuca, uña, lupa, pulga, gula, lupa.	⬜
laca	lana, laca, lata, taza, trampa, vara, rana, rara, pata, nata, laca, carga, casa, calma, masa, marca, laca, manta, tarta, talla.	⬜
traje	cable, ave, traje, calle, arce, nave, clave, traje, hache, tarde, traje, talle, parche, yate, traje, valle, bache, clase, llave, traje.	⬜

Taller de antifaces

Lee con atención las instrucciones y realiza las actividades.

ANTIFAZ DE SUPERHÉROE

Necesitarás:
- Un plato de cartón
- Lápiz
- Lápices de colores
- Témperas y pincel

Tijeras
Goma o palito de madera
Pegamento
Cinta adhesiva

1. Recorta el plato en forma de antifaz. ¡No te olvides de medir antes tu cara!

2. Dibuja los ojos y recórtalos. Dobla con cuidado el antifaz por la mitad para que queden iguales.

3. Dibuja un contorno alrededor de los ojos a una distancia de 1cm con un lápiz de colores.

4. Pinta el antifaz con témperas, excepto el contorno de los ojos.

5. Cuando se seque, decora el antifaz como más te guste.

6. Fija una goma o el palito de helado, dependiendo de cómo quieras usar el antifaz.

→ **Indica si las siguientes afirmaciones son verdaderas (V) o falsas (F).**

	V	F
• El texto que has leído es una receta.	☐	☐
• La base del antifaz está hecha con cartón.	☐	☐
• No necesitas unas tijeras para construir el antifaz.	☐	☐
• Puedes colocarte el antifaz de dos maneras diferentes.	☐	☐

→ **Relaciona cada antifaz con su personaje.**

☐ Capitán América   ☐ Batman   ☐ Catwoman

1   2   3

→ **Con estas instrucciones, ¿crees que podrías hacerte un antifaz para ti?**

_____

JUEGO 8

LEE EN SILENCIO

Puedes consultar el libro las veces que lo necesites

¡Empezamos!

Lee los **capítulos 11** y **12** y, después, realiza las actividades.

→ **¿Qué tiene Carla?**

a Una gastroenteritis.

b Un catarro.

c Una enfermedad rara.

→ **¿Quiénes visitaron a Carla?**

a Edelmiro y Aitana.

b Ratón y Edelmiro.

c Ratón y Aitana.

→ **¿Dónde se encuentra su padre a la madre de Ratón?**

a En la zapatería.

b En la panadería.

c En la biblioteca.

→ **La intoxicación procedía de…**

a la comida del comedor.

b la fuente del patio.

c el aire acondicionado.

→ **Numera estas situaciones del 1 al 4, según el orden en el que suceden.**

☐ Gracias a los ojos de lechuza, vio un sapo dentro de la fuente.

☐ Se disfraza de lechuza para investigar la intoxicación.

☐ Resuelto el caso, vuelve a casa triunfal y empapada por la lluvia.

☐ Intenta llegar volando al colegio, pero al final va caminando.

→ **Indica si cada una de estas afirmaciones es una opinión (O) o un hecho (H).**

	O	H
• El padre de Carla le levantó el castigo por estar enferma.	☐	☐
• En el colegio están preocupados por la intoxicación.	☐	☐
• A Carla le parece gracioso ver a su padre en pijama y despeinado.	☐	☐
• El doctor le recetó un jarabe cada ocho horas.	☐	☐

→ **Explica qué significa la palabra «fuente» en cada oración.**

El agua de la **fuente** del patio estaba intoxicada.

Delante de mí tenía «la **fuente** de todas las intoxicaciones».

_____

_____

Juega con las palabras

Busca cada palabra en la página indicada del libro. Lee el párrafo en el que está para deducir su significado.

➜ Escribe el número de cada palabra junto a su significado.

1 **retortijones** (página 117)
2 **frikis** (página 118)
3 **gánsters** (página 126)
4 **patidifusa** (página 127)
5 **porrazos** (página 129)
6 **precintado** (página 130)
7 **chaparrón** (página 130)

☐ Poner una cinta para que no se abra.
☐ Delincuente, ladrón.
☐ Lluvia fuerte de corta duración.
☐ Dolor fuerte de tripa.
☐ Extravagante, raro.
☐ Golpes.
☐ Que se queda parado de asombro.

Texto partido

Parte de este texto se ha cortado, pero seguro que eres capaz de leerlo. Después, contesta a las preguntas.

—Te he traído un zumo de manzana para que tomes líquido y cojas fuerzas. Para comer, aunque no tengas ganas, te voy a cocer un poco de pescado. Era la primera vez en mi vida que no tenía ganas de comer. ¡Tenía que estar gravísima! Me bebí el vaso de zumo lentamente y con gran esfuerzo.

➜ ¿Por qué Carla pensó que estaba gravísima?

_____

➜ ¿Qué le trajo su padre de beber?

_____

➜ ¿Qué iba a preparar su padre para comer?

_____

A ver si recuerdas

Recuerda el texto de la actividad anterior. Fíjate bien en los dibujos y ordénalos según aparecen en él.

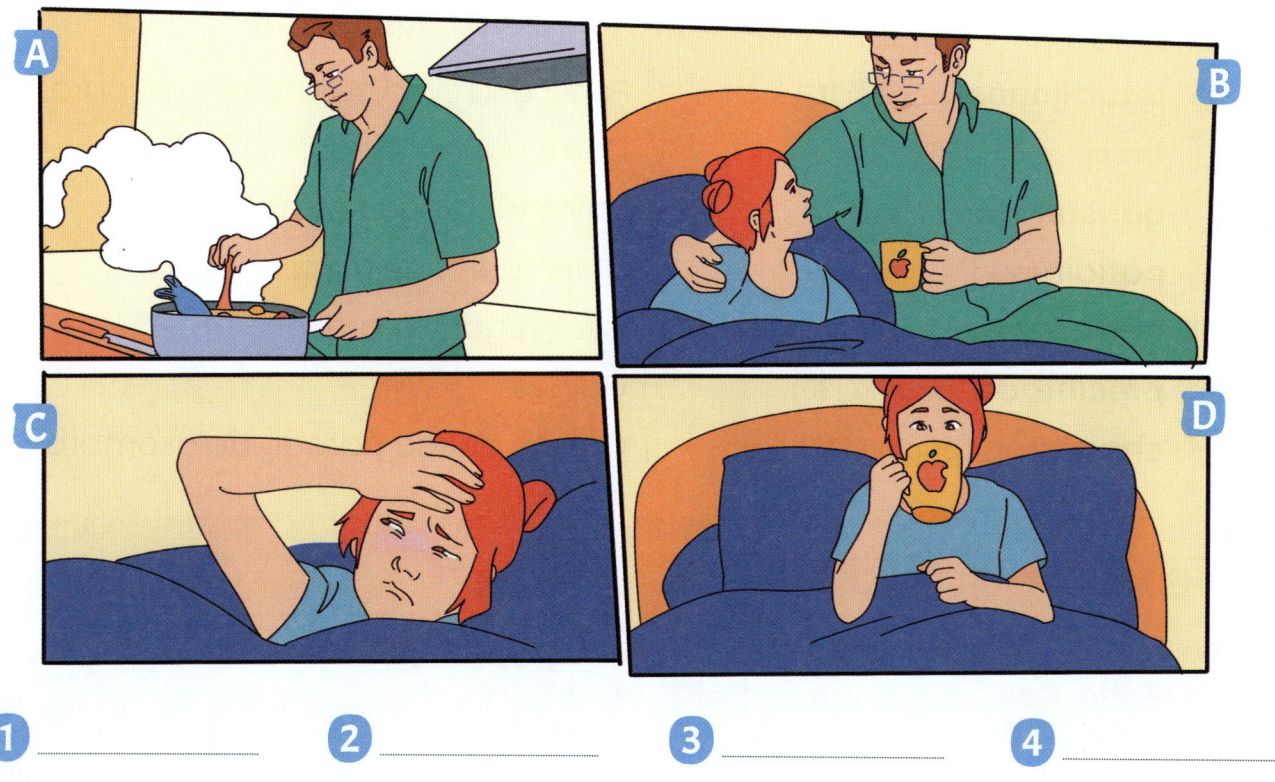

1 _____ 2 _____ 3 _____ 4 _____

Un recorrido

Sigue en el mapa el recorrido que se indica.

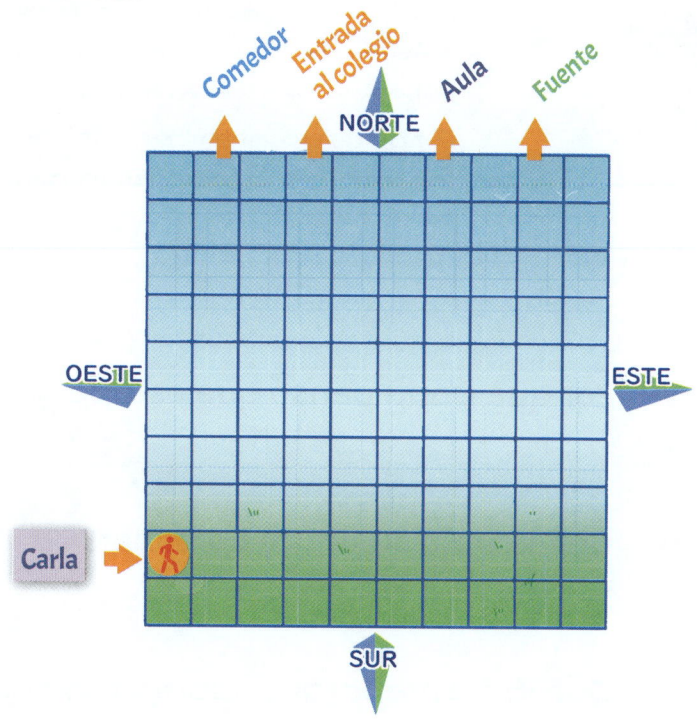

→	Colócate en el punto de salida y avanza los siguientes cuadros:
1	3 cuadros hacia el este.
2	4 cuadros hacia el norte.
3	1 cuadro hacia el oeste.
4	3 cuadros hacia el norte.
5	5 cuadros hacia el este.
6	1 cuadro hacia el norte.
7	1 cuadros hacia el este.

→ El olfato de detective de Carla la ha llevado a _____

¡Mucha atención!

Fíjate en los objetos del cuadro número 1. Escribe el objeto que falta en los siguientes cuadros.

Falta: _____   _____

¿Cómo lees?

Lee este texto subiendo o bajando la entonación en la dirección que indique cada flecha.

—Carla, ↑¿tomaste ayer alguna porquería? ↑Ya sabes que siempre te digo que comer tantas chucherías no te hace nada bien... El médico ha dicho que seguramente esto te ha ocurrido por comer algo en mal estado.↓

—Pero, papá, ¿cómo voy a comer chuches si me castigaste! ↑—me defendí—.↓ Además, esta semana Isidro me ha quitado el almuerzo en el recreo casi todos los días... ¡Es imposible! ↑

Entonces caí en la cuenta.↓ Me dolía la tripa, vomitaba y tenía fiebre: me encontraba igual de mal que Ratón cuando fui a verlo.↓

Autoevaluación

¿Haces las pausas correctamente y con naturalidad?

Valóralo del 1 al 10

| 1 | 2 | 3 | 4 | 5 | 6 | 7 | 8 | 9 | 10 |

Solo con los ojos

Lee el texto intentando abarcar cada línea en un solo golpe de vista.

Ratón
tenía razón.
Me había dejado
llevar por mis
fantasías y por
los prejuicios. Ulises
no era repelente y
Aitana no era
una «princesita»
ni pensaba
solo en
unicornios.

➡ **¿Cómo creía que eran Ratón y Aitana?** _____

Lee las palabras varias veces fijando la vista en el punto.

agua	●	baño	cama	●	casa	baño	●	tripa
cuerpo	●	manzana	pijama	●	baño	zumo	●	dieta
cocina	●	médico	alimento	●	pescado	jarabe	●	comida

➡ **¿Qué palabra se repite tres veces?** _____

En estos dos textos cambian algunas palabras. Subráyalas en el texto de la derecha.

Me he encontrado en la panadería con la madre de tu amigo César Ulises y me ha echado la bronca por no avisarle de que te habías puesto enferma. Me ha dicho que su hijo pronto te devolverá la visita. ¡Menuda mujer! No para de hablar... De todas las maneras, ya es raro que todos os hayáis puesto enfermos a la vez, ¿no?

Me he encontrado en la frutería con la madre de tu compañero César Ulises y me ha reñido por no avisarle de que te habías puesto mala. Me ha dicho que su hijo en breve te vendrá a visitar. ¡Qué mujer! No para de hablar... De todas formas, ya es curioso que todos os hayáis puesto indispuestos a la vez, ¿no?

Manual de misiones secretas

Lee con atención esta información y realiza las actividades.

Papel y lápiz para tomar notas y las declaraciones de los sospechosos. Busca libretas pequeñas, que puedas llevar en el bolsillo.

Tinta invisible para escribir mensajes secretos.

Gabardina y sombrero para que no te reconozcan.

Lupa para no dejar ningún detalle sin revisar, por pequeño que sea.

Guantes para no dejar huellas. Las huellas son únicas.

Reloj para llegar puntual a tus citas. ¡Indispensable!

Carné para identificarte como detective allá donde vayas.

→ **Indica si las siguientes afirmaciones son verdaderas (V) o falsas (F).**

	V	F
• Los guantes son necesarios para no dejar huellas.	☐	☐
• La lupa permite ampliar cualquier pequeño detalle.	☐	☐
• En el carné de detective no puedes poner tu foto.	☐	☐
• Es conveniente llevar ropa de colores alegres.	☐	☐

→ **Señala las tres afirmaciones verdaderas sobre las huellas dactilares.**

☐ Son los dibujos de la piel de la yema de los dedos.

☐ Los hermanos gemelos tienen la misma huella dactilar.

☐ Cada huella es única, no hay dos iguales.

☐ Proporcionan pistas sobre los sospechosos.

→ **¿Te gustaría ser detective privado? Razona la respuesta.**

....

....

LEE EN SILENCIO

Puedes consultar el libro las veces que lo necesites

¡Empezamos!

Lee el **capítulo 13** y, después, realiza las actividades.

→ **Indica si las siguientes afirmaciones son verdaderas (V) o falsas (F).**

	V	F
Carla había resuelto su primer caso.	☐	☐
El padre de Carla está muy contento por su cambio.	☐	☐
En el colegio siguen utilizando la fuente.	☐	☐
Aitana sigue pensando que hay una banda de karatekas.	☐	☐
Edelmiro admira a Carla y jamás se meterá con ella.	☐	☐
Isidro le quita el almuerzo y el agua a Carla.	☐	☐
El agua de la botella de Isidro está intoxicada.	☐	☐

→ **Numera estas situaciones del 1 al 4, según el orden en el que suceden.**

☐ Carla cuela la nota por debajo de la puerta de la directora.

☐ Carla escribe una nota sobre el origen de la intoxicación.

☐ La directora prohíbe usar la fuente y presume de resolver el caso.

☐ Carla se enfada porque el colegio no reconoce su trabajo.

→ **Ratón se da cuenta de que Carla ya sabía que la fuente estaba intoxicada, ¿cómo se entera?**

....

....

→ **Carla está segura de que Lechuza Detective será famosa porque...**

....

....

→ **¿Crees que entre Carla y Ratón surgirá una amistad? Razona la respuesta.**

....

....

Juega con las palabras

Busca cada palabra en la página indicada del libro. Lee el párrafo en el que está para deducir su significado.

→ Escribe el número de cada palabra junto a su significado.

1 **operario** (página 137)   ☐ De nombre desconocido.

2 **expectación** (página 137)   ☐ Sensación de despreocupación.

3 **conductos** (página 138)   ☐ Persona que anticipa las cosas.

4 **alivio** (página 138)   ☐ Roca compacta y dura.

5 **anonimato** (página 139)   ☐ Trabajador que realiza tareas manuales.

6 **previsora** (página 140)   ☐ Canal para dar paso al agua.

7 **granito** (página 141)   ☐ Espera tensa de un acontecimiento.

→ Señala la oración en la que la palabra resaltada se utiliza correctamente.

☐ Sintió un gran **alivio** al aprobar el examen.

☐ En la plaza de la catedral esperaron al **conducto.**

→ Elige una palabra del ejercicio anterior de la que no conocías su significado o te parezca difícil. Escribe una oración con ella.

....

....

→ Escribe debajo de cada viñeta, la palabra del ejercicio anterior que corresponda.

....

¡Fíjate en el ejemplo!

Al completo

Completa el texto escribiendo los números en los lugares adecuados.

1. mochila
2. mala
3. esperando
4. botellín
5. fuente
6. sándwich

Hola, Isidro. Te estaba **3** . Hoy toca ☐ de jamón york. Ya sabes que yo también he estado ☐ por beber agua de la ☐ .

—A ver, déjame ver la ☐ . Mira, qué previsora, la friki se ha traído un ☐ de agua de casa, ¿eh?

Sigue las pistas

Lee las pistas para averiguar cuál es el traje de Lechuza Detective.

Capa **con** capucha **y** plumas.

Botas **con forma de** garras.

Guantes **y** cinturón.

Gafas **con un** pico.

A	B	C	D	E

➜ **El traje de Lechuza Detective es la letra** _____

¿Cuántas veces?

Busca y escribe el número del 1 al 9 que falta en cada hoja del libro.

4785	8592
1026	3631
8372	6087
3506	2150

5378	3489
1029	7160
3402	5893
8591	6604

Número: _____   Número: _____   Número: _____   Número: _____

¡Os toca!

Preparad este texto para leerlo en voz alta por parejas.

¡Recordad las habilidades que habéis trabajado!

CARLA	Hola, Isidro.
ISIDRO	Siempre dispuesta a compartir su almuerzo con los demás. ¿Verdad, Carla?
CARLA	Te estaba esperando…
ISIDRO	A ver, déjame ver en la mochila.
CARLA	Hoy toca sándwich de jamón.
ISIDRO	Qué previsora, la friki se ha traído un botellín de agua de casa, ¿eh?
CARLA	Ya sabes que yo también he estado mala por beber de la fuente…
ISIDRO	Hasta que estés perfectamente recuperada, deberás seguir una dieta estricta… ¡a base de aire!

→ **Ahora, volved a leer el diálogo cambiando de personaje.**

Autoevaluación

Evalúa del 1 al 10 las habilidades lectoras representadas en la tabla.

Valóralo del 1 al 10
1 2 3 4 5 6 7 8 9 10

Postura ☐	Mirada ☐	Velocidad ☐	Entonación ☐	Volumen ☐

Solo con los ojos

Lee las palabras de cada etiqueta de un solo golpe de vista.

No sé   lo que significa   «enojo»,   pero supongo   que debe ser

algo parecido   a cuando te   enfadas tanto   que echas humo

por las orejas   como si fueras   una locomotora.

➜ **¿Qué significa enojo?**

_____

Lee las palabras varias veces fijando la vista en el punto.

caso	●	sapo	nota	●	rabia	dedo	●	humo
fuente	●	orejas	cajón	●	fuente	puerta	●	vallas
escalera	●	sirena	despacho	●	silencio	fuente	●	armario

➜ **¿Qué palabra se repite tres veces?** ....

Busca en la columna las soluciones.

cromos	368	aventura	721
aire	920	silbato	538
dieta	516	tiempo	902
clase	172	agua	173
suelo	054	rabia	720
almuerzo	748	superhéroe	951
recreo	985	hermano	185
identidad	334	caso	987
despacho	602	banda	663
mano	879	amigo	706
favor	427	risa	270
cara	201	banco	365
equipo	636	botella	783
pie	945	casa	282
alumno	294	mochila	629

a) ¿Qué número es?

equipo: ....   suelo: ....

dieta: ....   despacho: ....

identidad: ....   pie: ....

b) ¿Qué palabra es?

663: ....

538: ....

783: ....

185: ....

720: ....

Menú con superpoderes

Lee con atención este menú y realiza las actividades.

MENÚ INFANTIL
Lunes a viernes
12 euros
¡2x1 si te traes a un amigo!

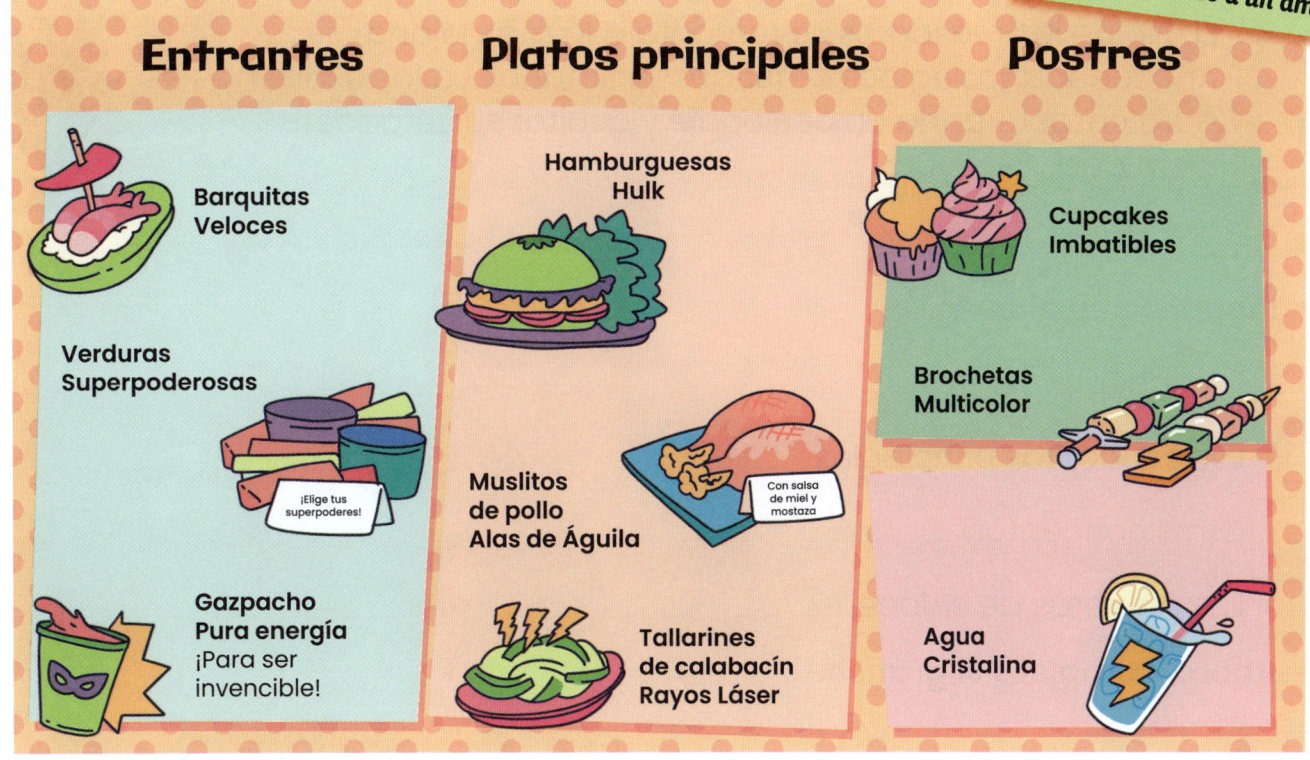

Entrantes

Barquitas Veloces

Verduras Superpoderosas

¡Elige tus superpoderes!

Gazpacho Pura energía ¡Para ser invencible!

Platos principales

Hamburguesas Hulk

Muslitos de pollo Alas de Águila

Con salsa de miel y mostaza

Tallarines de calabacín Rayos Láser

Postres

Cupcakes Imbatibles

Brochetas Multicolor

Agua Cristalina

→ **Indica si las siguientes afirmaciones son verdaderas (V) o falsas (F).**

	V	F
• Hay tres entrantes, tres platos principales y tres postres a elegir.	☐	☐
• De bebida solo hay agua.	☐	☐
• El gazpacho es un entrante del menú.	☐	☐
• El menú cuesta 6 euros, si traes un amigo.	☐	☐

→ **¿Qué salsa acompaña a los Muslitos de pollo?**

☐ Miel.   ☐ Soja.   ☐ Miel y mostaza.   ☐ Mayonesa.

→ **¿Qué plato te gustaría probar? ¿Por qué?**

El plato que me gustaría probar es _____

porque _____

_____

Organiza las ideas

Lee este texto.

El uso de las máscaras se remonta a la más lejana Antigüedad, los egipcios, griegos y romanos ya las usaban para caracterizar a un personaje y ocultar su verdadera identidad.

→ **Identifica en el texto...**

- El concepto central: _____

- Los conceptos principales: _____

- Otros conceptos: _____

- Las palabras de enlace: _____

→ **Ahora, completa el gráfico.**

¡Y al revés!

→ **Lee el esquema e intenta reconstruir el texto con tus palabras.**

_____

_____

_____

→ **Por último, cuéntaselo al resto de la clase.**

¡Caso resuelto!

Presta mucha atención al texto que vas a escuchar. Luego, realiza las actividades.

El texto está en las páginas 137 a 142.

➡ **En los conductos había...**

a un pájaro.

b un sapo.

c una tortuga.

➡ **La directora llama a los niños...**

a con un silbato.

b dando palmas.

c de un grito.

➡ **Aitana quería completar una colección de...**

a cómics.

b cromos.

c conchas.

➡ **El castigo de Carla a Isidro era:**

a chivarse a la directora.

b darle agua intoxicada.

c no darle su almuerzo.

➡ **Marca con una cruz las tres afirmaciones que son verdaderas.**

☐ La directora discutía con el conserje con la nota en la mano.

☐ Carla coló la nota por la ventana del despacho de la directora.

☐ Un sapo atrapado en los conductos ha intoxicado el agua.

☐ Los operarios precintaron la fuente y colocaron vallas alrededor.

➡ **Relaciona cada frase con el personaje que la dice.**

¿A qué viene esa cara de enojo? •   • Carla

Hasta que no esté arreglada, no se podrá beber de ella. •   • Isidro

¡Hasta la vista, «pringaos»! •   • Ratón

Oye, Ratón, ¿a ti te gustan las lechuzas? •   • Directora

➡ **El detective Misterio dice: «Caso resuelto y cerrado, descanso asegurado». Inventa otra frase para concluir el caso resuelto.**

Por ejemplo: Misión cumplida, ¡a disfrutar de la vida!

....

➡ **Inventa un nuevo título para el texto que has escuchado.**

....

En la realización de esta obra han intervenido:

Asesoría
Isabel González Navarro

Edición
Patricia Penanes Blanco

Maquetación
Diego Murillo Pérez

Diseño gráfico
Cristóbal Gutiérrez Camacho y Antonio Sereno Recio

Ilustración
Marina Red Raccoon

Fotografía
123RF y colaboradores e iStock

Los **audios** para «Escucho y Comprendo» (páginas 23, 43 y 63) están disponibles en

Las actividades de este cuaderno, que se basan en el libro *Lechuza Detective 1. El origen*, de Miguel Can, Álvaro Núñez y Alberto Díaz (equipo Lechuza), publicado por el Grupo Anaya, están elaborados de acuerdo con los criterios psicopedagógicos y los requerimientos del Proyecto Editorial de Juegos de Lectura - Lectura Eficaz.
La denominación **Juegos de Lectura - Lectura Eficaz** (distintivo con gráfico) está registrada a nombre de Grupo Editorial Bruño, S. L. (marca M1567099).

© del texto: Grupo Editorial Bruño, S. L., 2025
© de esta edición: Grupo Editorial Bruño, S. L., 2025
       Valentín Beato, 21
       28037 Madrid

ISBN: 978-84-696-3588-9
Depósito legal: M-836-2025

Printed in Spain